la in 2019 by the Chartered Profes-
nada. Second edition was released in
. This edition published in the Unit-
r Leaders Publishing, a business of
td, 2025.

ing

a
n

3

É

Publisher's Note

First published in Cana
sional Accountants of C;
2022 by JGK Consultin;
ed Kingdom by Ideas f(
IEDP Ideas for Leaders

Ideas for Leaders Publis
42 Moray Place
Edinburgh
EH3 6BT
www.ideasforleaders.co
info@ideasforleaders.co

ISBN 978-1-915529-42-

.

Note de l'éditeur

Tout a été mis en œuvre pour s'assurer que les informations contenues dans ce livre soient exactes au moment de l'impression, et les éditeurs et auteurs ne peuvent accepter aucune responsabilité pour des erreurs ou des omissions, quelle qu'en soit la cause. Aucune responsabilité pour perte ou dommage causé à toute personne agissant, ou s'abstenant d'agir, en raison du matériel dans cette publication ne peut être acceptée par les éditeurs, la maison d'édition ou l'auteur.

Publié pour la première fois au Canada en 2019 par les Chartered Professional Accountants of Canada. La deuxième édition a été publiée en 2022 par JGK Consulting. Cette édition est publiée au Royaume-Uni par Ideas for Leaders Publishing, une entreprise d'IEDP Ideas for Leaders Ltd, en 2025.

À l'exception de tout usage loyal à des fins de recherche ou d'étude privée, ou de critique ou de revue, tel que permis par la loi sur le droit d'auteur, les dessins et les brevets de 1988, cette publication ne peut être reproduite, stockée ou transmise, sous quelque forme ou par quelque moyen que ce soit, sans l'autorisation écrite préalable des éditeurs. Les demandes concernant la reproduction doivent être envoyées aux éditeurs à l'adresse suivante:

Ideas for Leaders Publishing
42 Moray Place
Edinburgh
EH3 6BT
www.ideasforleaders.com
info@ideasforleaders.com

ISBN 978-1-915529-42-8

Table des matières

L'importance du coaching

Le coaching, aussi appelé accompagnement professionnel, consiste à saisir l'essence même d'une personne pour ultimement l'aider à se rendre là où elle veut aller dans la vie. Il s'agit d'une relation humaine fondamentale qui crée une zone protégée où la personne se sent suffisamment en sécurité pour se montrer vulnérable et parler de ses rêves les plus fous, et bien sûr, de toutes les peurs qui les plombent. C'est lui poser des questions pour mieux circonscrire sa destination, puis lui donner l'outil de navigation qui lui permettra de s'y rendre. Je dis souvent que mon rôle de coach professionnel se limite à changer de vitesse et à redresser le volant au besoin, tout en vérifiant la trajectoire de temps à autre. C'est mon client qui tient le volant.

Cet ouvrage se veut un guide pratique pour les professionnels qui ont besoin de communiquer efficacement avec les autres dans leur milieu de travail, et donc avec toute la population active. Les chefs d'entreprise découvriront que les compétences décrites ci-après sont essentielles à leur réussite. Ces outils sont universels. Tout le monde peut les utiliser dans pratiquement n'importe quelle situation, que ce soit au travail, pour formuler une critique délicate à l'un de vos coéquipiers préférés, ou à la maison, quand vient le temps de vous asseoir avec votre ado de 14 ans pour l'écouter vraiment.

Notre monde est plus interconnecté que jamais, mais paradoxalement, les gens se sentent de plus en plus déconnectés. Apprivoiser les outils de base du coaching et apprendre à vous en servir revient essentiellement à reprogrammer votre cerveau pour mieux communiquer. L'acquisition de compétences en coaching vous rendra plus efficace non seulement en tant que chef d'équipe, mais aussi dans la vie en général.

Il y a quelques années, j'ai eu pour client un associé d'un cabinet de services professionnels. Appelons-le Marc. Je travaillais avec Marc depuis environ six mois quand j'ai croisé Hélène, l'une de ses chefs d'équipe. Hélène et son équipe savaient que Marc s'était adjoint une coach. Hélène m'a confié que, quatre mois plus tôt, elle était sur le point de démissionner. Le comportement de Marc comme directeur l'avait amenée à douter de ses propres compétences et de sa place

Malheureusement, notre compréhension semble à des années-lumière de notre comportement réel, et c'est cet écart qu'il nous faut combler.

dans l'organisation. Par ses interactions avec les membres de l'équipe d'Hélène, qui avaient vite compris qu'ils pouvaient se plaindre à lui chaque fois qu'elle prenait une décision qui leur déplaisait, Marc minait constamment l'autorité d'Hélène. Comme c'est souvent le cas pour beaucoup de directeurs, le comportement de Marc partait d'une bonne intention. Il s'efforçait sincèrement d'aider les membres de l'équipe d'Hélène qui se pointaient régulièrement à son bureau, mais, ce faisant, il ne tenait absolument pas compte des répercussions de son attitude sur ses chefs d'équipe, qui se sentaient dévalorisés et laissés pour compte.

Hélène a décidé de lui donner un mois de plus pour s'améliorer pendant qu'elle se cherchait un autre emploi. C'est précisément au cours de cette période que Marc a commencé à intégrer ses nouvelles compétences en prise de conscience de soi et en coaching dans ses interactions quotidiennes. Consciente des efforts de Marc, Hélène a décidé de lui donner une dernière chance, puis finalement de demeurer à la tête de l'équipe. Elle était ravie de pouvoir conserver cet emploi qu'elle aimait sous la direction d'un chef d'équipe de plus en plus efficace dans son rôle, mais aussi infiniment plus ouvert aux commentaires de son équipe.

Mon rôle de coach prend tout son sens quand je vois mes clients s'améliorer eux-mêmes et encourager des changements positifs chez les autres. Nous commençons enfin à comprendre que, si nous nous concentrons sur les personnes d'abord, tout le reste suivra (fidélisation, productivité, niveaux de service, profit, retombées, etc.). Malheureusement, notre compréhension semble à des années-lumière de notre comportement réel, et c'est cet écart qu'il nous faut combler.

Je suis une grande passionnée qui ne rate jamais une occasion d'inculquer aux dirigeants toute l'importance du coaching, car je suis convaincue que cette démarche se traduit par des organisations plus saines qui, à leur tour, améliorent directement la qualité de vie des gens. Bien sûr, je suis impuissante devant les nombreux problèmes auxquels se trouve aujourd'hui confrontée notre planète, mais je crois fermement que si les gens vivent de meilleures expériences au travail, ils ramèneront cette énergie positive à la maison et la transformeront peut-être en quelque chose

[...] je crois fermement
que si les gens vivent de
meilleures expériences
au travail, ils ramèneront
cette énergie positive
à la maison et la
transformeront peut-être
en quelque chose
de merveilleux [...].

Il n'est pas toujours facile de prendre le temps de se concentrer sur son interlocuteur, et pourtant c'est la seule façon d'assurer la progression réellement durable des personnes et des organisations.

de merveilleux, et ça, c'est en mon pouvoir à titre de coach.

L'énergie positive peut émaner directement de nos interactions positives avec les autres. Nouer des relations étroites fondées sur la confiance demande du temps et des efforts, mais l'investissement en vaut grandement la peine. Une relation étroite ne se veut pas nécessairement intime. Comme dirigeant, vous n'avez pas à connaître chaque infime détail de la vie de tous vos employés. En revanche, vous devez savoir gagner leur confiance et créer un espace de discussion où ils se sentiront libres de vous aborder pour vous raconter ce qui se passe dans leur vie lorsque leurs problèmes risquent d'avoir une incidence sur leur comportement au travail.

Ce guide vous dotera d'outils essentiels à tout coach, comme l'écoute active, une communication efficace et une curiosité sans bornes. Il traite aussi du principe qui sous-tend le coaching (une vision du monde généreuse, dénuée de jugement et axée sur la franchise) et de la raison pour laquelle les gens, même s'ils comprennent et apprécient cette approche en théorie, sont souvent incapables de la mettre en pratique.

Les organisations ne ménagent pas leurs efforts pour favoriser la réussite de leurs employés. Cette responsabilité incombe en grande partie aux directeurs. Or, ces derniers risquent de se laisser entraver par les innombrables exigences du quotidien, qu'il s'agisse de suivre l'évolution de l'économie, de gérer les demandes croissantes de la clientèle, les désirs du personnel et les normes en perpétuel changement, de s'adapter aux nouvelles valeurs ou de composer avec une ambiguïté constante. Il n'est pas toujours facile de prendre le temps de se concentrer sur son interlocuteur, et pourtant c'est la seule façon d'assurer la progression réellement durable des personnes et des organisations.

J'ai grandi dans diverses petites villes minières du Canada (avec une brève incursion au Groenland). Mon père, éminent ingénieur des mines, se spécialisait dans les mines du Nord et de l'Arctique. À l'époque, j'aurais préféré qu'il se spécialise dans des mines sous des latitudes plus chaudes. Aujourd'hui, avec le recul, je suis infiniment reconnaissante à mes parents de cette expérience unique qu'ils m'ont permis de vivre. En quoi mon éducation est-elle pertinente concernant ce livre? En ce qu'elle m'a inspiré une curiosité insatiable pour les êtres humains, les tendances comportementales et la psychologie des groupes et des organisations. J'ai constaté tôt dans ma carrière que les travailleurs d'un camp minier isolé en Arctique peuvent vivre les mêmes difficultés que les membres d'un cabinet d'avocats à Paris. Cette révélation a stimulé ma soif d'apprendre, mon œil inquisiteur et mon âme d'exploratrice, sans cesse à l'affût de la prochaine destination. Elle m'a aussi fait comprendre l'importance de saisir les occasions, même (ou surtout) en période d'adversité. Enfin, j'en ai tiré ce que j'appelle une empathie pragmatique, c'est-à-dire que je suis en tout temps disposée à aider les autres en partant de leur point de vue, sauf si ce point de vue fait obstacle à leur croissance (dans ce cas, le pragmatisme prend le dessus sur l'empathie).

J'encadre et je forme des patrons et des cadres supérieurs depuis une quinzaine d'années, et j'ai passé quelque 30 ans à travailler en équipe et à diriger du personnel. Je suis spécialisée en leadership et en coaching de dirigeants, et plus précisément, je les aide à comprendre comment devenir de *meilleurs* chefs (et de meilleures personnes) en intégrant le coaching à leurs compétences de base en communication.

Quand on me demande ce qui m'a amenée à choisir ce métier, je réponds que c'est le métier qui m'a trouvée, et ç'a été le coup de foudre. Je suis par nature extrêmement curieuse, éternellement fascinée par les personnes et leur histoire, et je cherche toujours à en apprendre plus sur les gens de mon entourage. Je possède par ailleurs une étonnante capacité à déceler les tendances et à déchiffrer les comportements humains. En tant que coach, je peux aider les dirigeants à bien comprendre l'impact de leur comportement sur les autres, et les répercussions de cet impact sur leur organisation et sur la vie personnelle de leurs employés.

Dans ma jeunesse, comme bien des gens, je n'avais aucune idée de ce que je ferais plus tard. J'ai amorcé ma carrière dans le secteur administratif de la politique, où j'ai beaucoup appris sur la communication et sur ce qu'il ne faut pas faire. Or, je sentais d'instinct qu'il me manquait quelque chose, alors j'ai démissionné, vendu tous mes biens et tiré à pile ou face pour départager mes deux villes favorites : Paris et Barcelone. Le hasard a désigné Paris! Je suis repartie à zéro dans la Ville Lumière (moi qui ne parlais qu'un français rudimentaire appris à l'école), sans emploi, sans amis et sans domicile.

Après plusieurs mandats comme directrice dans des cabinets d'avocats et des agences de presse et de relations publiques, j'ai fondé ma propre entreprise de formation et offert mes services à des multinationales qui souhaitaient que je montre à leurs cadres comment communiquer, négocier et faire des affaires en anglais. Treize ans ont passé. Mon entreprise est maintenant établie sur la côte ouest du Canada depuis 10 ans, et j'ai acquis une réputation de coach pragmatique et directe, prête à pousser les gens dans leurs retranchements et à les aider à voir les choses sous un angle totalement différent, sans porter de jugement. J'ai travaillé dans toutes sortes d'établissements, allant des résidences pour aînés aux institutions financières, en passant par des sociétés d'ingénierie, des casinos, des avionneurs et des organismes de bienfaisance. L'organisation la plus petite à qui j'ai offert mes services comptait 5 employés; la plus grande en comptait plus de 200 000 répartis partout dans le monde. La diversité de ma clientèle fait partie des choses qui me plaisent le plus dans mon métier. Toutes ces organisations ont en commun la nature humaine.

Aux dires de plusieurs clients, j'ajoute une « valeur instantanée » à l'organisation, dès mon arrivée dans leurs bureaux. Je remercie sincèrement les clients avec qui j'ai eu le privilège de travailler ces 10 dernières années, car ma réussite, je la leur dois. Ce sont eux qui m'ont inspiré cet ouvrage.

Que ce soit dans le cadre d'une conférence ou devant un public composé d'une centaine de nouveaux dirigeants venus apprendre les rudiments du coaching, les gens me demandent invariablement si j'ai d'autres ressources à recommander, s'il existe un outil de référence qu'ils pourraient consulter ou acheter pour continuer de mettre en pratique les compétences de base que je leur ai enseignées. C'est pour répondre à ce besoin que j'ai rédigé ce guide.

Le coaching : une façon d'être

Le coaching, dans l'idéal, est un état d'esprit permanent, une manière d'appréhender le monde avec générosité, curiosité et empathie. C'est une façon d'être. Pour devenir un meilleur coach, il faut d'abord apprivoiser les outils en les appliquant à soi-même avant de s'en servir pour accompagner les autres. Le tout se résume à *être attentif.*

La plupart des gens ne connaissent du coaching que la boîte à outils, soit des compétences (par opposition à un état d'esprit) qui les amènent à poser des questions percutantes, à susciter chez les autres une prise de conscience de leurs comportements, puis à les aider à atteindre leurs objectifs. De plus en plus de gens font l'apprentissage de ces outils ou s'en servent dans les organisations, et ils améliorent les choses concrètement. Il est maintenant essentiel de consacrer plus de temps à encourager l'épanouissement de l'état d'esprit qui caractérise le coach.

Je crois sincèrement que tout le monde peut apprendre les rudiments du coaching, mais acquérir l'état d'esprit du coach, c'est une autre paire de manches. Il vous faut faire montre d'une ferme

Faites le travail.

détermination, accomplir un travail affectif et franchir les trois étapes suivantes :

1. Faites le travail. Je ne veux pas dire par là de suivre un cours, d'obtenir un titre ou d'accumuler des centaines d'heures de pratique. Je veux dire de travailler sur *vous-même*. Pour devenir un bon coach, vous devez :

   a) bien vous connaître (c'est-à-dire être conscient de vous-même);

   b) vous gérer vous-même si nécessaire (vous aurez du mal à être généreux si vous n'arrivez pas à gérer vos propres préjugés);

   c) être réellement curieux de mieux connaître la personne ou l'équipe que vous accompagnez.

   Ces étapes vous semblent peut-être toutes simples, mais elles seront difficiles à accomplir si vous ne vous aimez pas vous-même ou si vous n'avez pas passé assez de temps de qualité seul avec vous-même pour vraiment vous accepter tel que vous êtes. Il vous sera très difficile de vous mettre en mode générosité et empathie pour les autres si vous n'arrivez pas à le faire pour vous-même. Bref, *faites le travail.*

2. Exercez-vous à être constamment présent. Le fait de centrer entièrement votre attention sur la personne ou l'équipe avec qui vous travaillez est l'un des plus beaux cadeaux que vous pouvez offrir dans le cadre d'un mandat de coaching comme dans la vie en général.

3. Ouvrez-vous aux occasions de croissance. C'est là que la vraie résilience se manifeste. Il y a toujours quelque chose à apprendre, en particulier quand les choses se compliquent. Mon rôle de coach consiste en grande partie à aider mes clients à considérer leurs expériences pénibles sous un nouvel angle, afin qu'ils parviennent à s'en détacher.

La pleine présence

La présence est puissante. C'est un don précieux, une qualité rare, difficile à trouver dans notre monde rempli d'incessantes vibrations, notifications et mentions « j'aime ». Être pleinement présent à l'autre crée un flux d'énergie qui fait éclore entre deux âmes une honnêteté inattendue. Le lien se resserre, la vérité jaillit et vous arrivez à destination beaucoup plus vite.

Être pleinement présent dans votre vie (c'est-à-dire *réellement* attentif à ce qui vous entoure) change tout. C'est la différence entre vivre votre vie sur le banc de touche et participer au match sur le terrain. Nul besoin de chambouler toutes vos habitudes, un peu d'effort et d'autodiscipline suffit.

Apprenez à créer un espace pour les autres. Soyez pleinement présent et laissez les autres se dévoiler (dans toute leur splendeur) avec leurs plaies et leurs blessures. Être présent ne signifie pas être parfait, mais être là, ici et maintenant. C'est un état simple, puissant et difficile à atteindre.

À la suite d'un coaching, une cliente m'a confié que de se retrouver face à une autre personne pleinement présente, sans prétention ni ego pour barrer la route, avait été pour elle une expérience vivifiante. En étant présent, en regardant et en écoutant pleinement la personne devant vous telle qu'elle est, vous lui faites un cadeau tout simple qui aura néanmoins des répercussions durables.

Or, il est impossible d'être pleinement présent sans être attentif à soi-même et aux autres. Regardez autour de vous, observez ce qui se passe et soyez attentif aux petits détails. Soyez généreux et curieux, surmontez vos préjugés pour prendre en compte l'opinion des autres et apprenez à considérer les situations de leur point de vue. Soyez ouvert et donnez suite à tout ce qui se présente. Respectez le bon et le passionnant comme le médiocre et l'ennuyeux. Apprenez à connaître vos déclencheurs, toutes ces choses, personnes, situations et émotions qui vous empêchent d'être présent et vous ramènent malgré vous dans votre propre intériorité. C'est notre propre vécu qui nous empêche d'être présents, non celui des autres.

Être présent implique de faire preuve d'empathie dans des situations qu'on ne comprend peut-être pas tout à fait ou même que l'on désapprouve.

Pour être empathique, il faut savoir se mettre à la place de l'autre. Ce n'est pas aussi facile qu'on pourrait le croire pour un coach, car nous n'avons pas toujours une expérience directe de ce que notre client traverse. Être un coach empathique revient plutôt à garder de l'espace pour l'autre et à accepter qu'il y ait une certaine tension entre l'état dans lequel se trouve la personne et celui auquel elle aspire. Mon travail de coach ne consiste pas nécessairement à tout comprendre de la situation du client ni à intervenir pour apaiser toute tension, mais plutôt à nimber nos échanges d'un climat d'empathie, afin qu'il puisse bien comprendre sa propre situation, comment il en est arrivé là et comment il désire procéder pour l'avenir. C'est dans le stress, l'inconfort et la pression que l'humain grandit le plus. Sans empathie ni générosité, nul ne peut aider autrui à explorer ces sensations désagréables. Le manque de générosité en temps et en patience nous pousse à vouloir régler les choses au plus vite. Nous essayons de corriger la situation ou de trouver des solutions brillantes, alors qu'en général, tout ce dont la personne a besoin, c'est de temps et d'espace pour explorer la tension qu'elle éprouve dans sa vie. Un coach se doit de gérer sa propre vision du monde et ce qu'il estime que le client devrait faire, parce que finalement, ça n'a aucune importance. En fin de compte, tout dépend du client, non du coach. L'empathie représente le meilleur de l'humanité. Manifestez-en abondamment et généreusement.

C'est le chemin qui compte

Joanne arrive dans la salle de réunion au pas de course, le visage rouge et le souffle court. Comme d'habitude, elle est en retard de quelques minutes, sortant sans doute d'une autre réunion qui a traîné en longueur. Elle tient son éternelle bouteille d'eau d'une main, son cellulaire de l'autre et son ordinateur portable coincé en équilibre précaire entre les deux. Haute fonctionnaire dans la cinquantaine avancée, Joanne travaille dans la fonction publique depuis la fin de ses études universitaires. Déterminée et sérieuse, elle a appliqué à la lettre tout ce dont nous avons parlé. Elle s'est toujours parfaitement préparée pour nos rencontres et s'est toujours sentie affreusement coupable *de tout*, littéralement de tout. Comme la culpabilité nécessiterait à elle seule un autre livre, je vous dirai seulement que c'est généralement une émotion inutile. Si la culpabilité ne vous incite pas à agir, elle ne servira qu'à drainer vos émotions et votre énergie, et se révélera souvent carrément destructrice.

Joanne a un intellect remarquable. Elle parlait ouvertement de tout ce qui concernait son travail, mais ne laissait presque rien filtrer sur sa vie hors du bureau. Tout ce que je savais, c'est qu'elle avait un bel appartement dans un quartier chic du centre-ville, qu'elle travaillait dur pour s'assurer un avenir sûr et stable, et qu'elle vivait seule, sans personne à sa charge.

Or, bientôt est venu le temps de découvrir comment Joanne se sentait à l'approche de sa retraite imminente et ce qu'elle faisait pour se préparer à ce changement de vie radical. Nous avons donc cessé de travailler sur ses compétences en leadership et de parler de son équipe, de son supérieur et de tous les acteurs qui évoluaient dans son milieu de travail. Et nous avons commencé à parler réellement de Joanne : ses objectifs, ses rêves et son avenir.

Après deux ans à éviter de regarder en face sa peur de la retraite, Joanne avait franchi un pas difficile en présentant une demande de retraite anticipée. C'était sans doute la plus pénible et la plus importante décision de sa vie. Elle qui planifiait toujours tout, qui refoulait constamment ses pensées et émotions au plus profond d'elle-même et n'avait pour seul but que de répondre aux attentes. J'étais curieuse de voir comment elle composerait avec sa nouvelle réalité, où elle ne pourrait plus suivre un plan établi par quelqu'un d'autre. Ça s'est passé plutôt mal, en fait.

Joanne avait toujours considéré sa retraite comme une destination, jamais comme un cheminement. Durant toutes ces années, elle a raté des occasions d'être présente, d'être attentive à sa propre vie, de descendre des gradins et d'entrer dans la danse, de goûter aux petits plaisirs de la vie et de découvrir ce qui la motivait réellement, ce qui la touchait véritablement. Elle n'avait qu'un but en tête : réussir. Elle a donc vécu en cochant les cases d'une liste de choses à faire qu'elle n'avait pas rédigée et qui n'avait jamais vraiment été la sienne.

Focalisée sur un objectif défini par d'autres comme symbolisant la « réussite », Joanne n'a jamais hésité ni jamais perdu de vue cet idéal à atteindre. À cause de son ambition, elle a complè-tement oublié de vivre sa vie en cheminant vers sa soi-disant réussite. Elle l'a parfaitement résumé : « Toute ma vie, j'ai travaillé pour me rapprocher de ce coffre au trésor appelé "retraite". Maintenant que j'y suis enfin parvenue, que je suis enfin prête à vivre ma vie, je m'aperçois en ouvrant le coffre qu'il est entièrement vide. Je n'ai pas de vie. Je n'arrive pas à me projeter dans l'avenir. Je ne sais pas quoi faire. »

Les gens qui ne sont pas présents à leur propre vie finissent par centrer tous leurs efforts sur un mirage à atteindre, en se mettant délibérément des œillères pour éviter de voir les autres che-mins possibles en cours de route. Les œillères les déchargent de la responsabilité d'avoir à prendre des décisions, de sorte qu'ils n'ont jamais tort, ne courent jamais de risque et, surtout, ne connaissent jamais l'échec. Sachez toutefois que choisir ainsi la sécurité peut coûter très cher.

Une personne qui n'est pas présente aux autres passe son temps à regarder au-dessus de l'épaule de ceux-ci, à l'affût de quelque chose de mieux, de plus prometteur. Ce faisant, elle néglige de vivre pleinement sa propre vie.

S'exercer à être présent : conseils pratiques

Voici quelques stratégies simples à appliquer au quotidien pour vous aider à être plus présent. Si vous préférez utiliser des applis ou un cadre plus formel, cherchez « activités de pleine conscience » ou « application de méditation » sur Google. Pour améliorer votre présence de manière durable, ne travaillez que sur une seule petite action progressive à la fois. Si vous essayez d'en faire trop en même temps, vous surchargerez votre cerveau et compromettrez votre capacité de concentration, réduisant du même coup vos chances de réussite.

Soyez présent à vous-même

Choisissez-vous un mantra, un énoncé motivant (par exemple, « Fais attention! »), ou encore, une question simple (par exemple, « Qu'est-ce qui occupe mes pensées en ce moment? », ou « Qu'est-ce que je ressens, vois ou entends en ce moment? ») et programmez un rappel dans votre téléphone, votre ordinateur ou votre montre afin de vous signaler à des moments aléatoires, quelques fois par jour, qu'il est temps de vous arrêter et de réfléchir.

Faites le point avec vous-même après un faux pas. Posez-vous les questions suivantes pour vous aider à mettre le doigt sur les causes de votre « égarement », autrement dit, les déclencheurs de vos comportements réprobateurs, méprisants ou moins généreux :

- Que s'est-il passé?
- Jusqu'à quel moment étais-je présent?
- Quand ai-je cessé de l'être?
- Pourquoi ai-je cessé de l'être?

Arrêtez-vous et humez le parfum des roses, au propre comme au figuré. Passez en revue rapidement vos cinq sens : qu'est-ce que je vois, entends, touche, sens et goûte? Cet exercice vous aidera à prendre conscience immédiatement de votre environnement et à remarquer les petits détails autour de vous.

Soyez votre propre coach. En général, après une réaction inattendue déclenchée par quelque chose (ou, le plus souvent, par quelqu'un), j'entame un dialogue interne avec moi-même (vous pouvez dialoguer à voix haute si ça vous aide, mais je ne le recommande pas dans les transports en commun) et je me demande : « Pourquoi suis-je si bouleversée? Quels sont les faits? Qu'est-ce que je tiens pour acquis? M'est-il possible de comprendre le point de vue de l'autre? En ai-je même envie? »

Nous sommes étonnamment doués pour nous mentir à nous-mêmes, aussi faut-il prendre le taureau par les cornes et nous dire à nous-mêmes nos quatre vérités.

Respirez profondément. Cela vous sera d'une grande aide pour calmer toute panique et reprendre votre sang-froid.

Soyez présent aux autres

Regardez ce que vous faites et ce qui vous entoure. Tenez-vous votre téléphone à la main? Sinon, je parie qu'il n'est pas loin de vous, bien en vue, n'est-ce pas? Désolée, le retourner pour ne pas voir l'écran ne compte pas. Il est là, une présence physique aussi perceptible que le tic-tac d'une bombe à retardement. Remarquez-vous d'autres entraves physiques dans la pièce (ordinateurs, portables, tablettes, etc.)? Des bruits qui risquent de vous déranger? Êtes-vous au fait d'interruptions à venir? Si vous êtes au téléphone, quel élément visuel pourrait

Nous sommes étonnamment doués pour nous mentir à nous-mêmes, aussi faut-il prendre le taureau par les cornes et nous dire à nous-mêmes nos quatre vérités.

détourner votre attention ou quel bruit serait susceptible de distraire votre interlocuteur à l'autre bout du fil?

Pour être présent aux autres, vous devez faire le ménage. Garder les deux pieds sur terre. Si vous parlez à quelqu'un en personne, rangez votre cellulaire hors de votre vue et donnez à l'autre toute votre attention, en vous assurant de maintenir un contact visuel constant. Si vous parlez à quelqu'un au téléphone, commencez la conversation en lui demandant où il se trouve, afin de pouvoir visualiser son environnement. Éliminez les distractions visuelles, si possible, et faites de votre mieux pour prévenir toute interruption potentielle.

Une conversation de 10 minutes durant laquelle vous êtes pleinement présent est plus utile qu'une discussion d'une heure où vous n'êtes là qu'à moitié. Gardez le cap et tentez d'appliquer la formule 70/30 : écoutez 70 % du temps et parlez 30 % du temps. Donnez la parole à l'autre, et ne laissez pas votre esprit vagabonder. Focalisez votre attention, demeurez concentré et soyez réceptif. Surtout, ne pensez pas que vous devez tout régler. Dites-vous bien que la personne qui vous parle est compétente. Elle y parviendra d'elle-même et sera fière de l'avoir fait. Écoutez pour apprendre, plutôt que pour juger, résoudre le problème ou trouver une réponse brillante. La différence est énorme; les gens la percevront et vous en sauront gré. Au bout du compte, vous finirez par apprendre des autres bien plus que vous n'auriez pu l'imaginer.

L'indispensable curiosité

Une curiosité sincère, sans arrière-pensées, permet non seulement d'établir une relation de confiance, mais aussi d'aller au-delà des préjugés et de sortir de sa propre perception. La curiosité pousse à aller plus en profondeur. Comme on dit, l'habit ne fait pas le moine. Par conséquent, en partant d'une première impression superficielle du comportement d'une personne, vous risquez de passer à côté de la cause profonde de ce comportement.

La curiosité, c'est beaucoup plus que de simplement poser des questions qui portent à réflexion. La curiosité sincère aide à faire fi des préjugés et des jugements pour accéder au royaume de l'empathie. Elle crée une zone de confiance où les gens peuvent baisser la garde et s'ouvrir, peut-être même assez pour jeter un éclairage précieux sur leur vie, tout cela mû par un désir véritable d'en apprendre plus sur eux.

La curiosité est un état d'esprit. Plus on vieillit, plus on a de l'expérience, plus on a besoin d'exercer régulièrement sa curiosité. Dès qu'on se met à penser qu'on n'a plus rien à apprendre sur quelque chose, on perd l'étincelle créative de

La curiosité est
un état d'esprit.

l'émerveillement que possède le néophyte. Alors on doit lutter de toutes ses forces pour réinstaurer la curiosité comme état d'esprit.

Poser les bonnes questions est un précieux outil pour le coaching et pour stimuler la curiosité. Voici quelques lignes directrices pour formuler de bonnes questions.

1. Tenez-vous loin des questions qui commencent par « pourquoi ». Contrairement à ce qu'on pourrait croire, les questions les plus efficaces dans une conversation de coaching ne commencent pas par « pourquoi ». Ce mot appelle une raison, une justification, et impose immédiatement une pression, en particulier dans le cadre d'une rencontre individuelle. Ce petit mot a beaucoup de mordant et peut amener les gens à se fermer plutôt qu'à s'ouvrir. Un « pourquoi » restreint la question, parfois au point où la personne questionnée voit poindre une accusation au lieu d'une interrogation. Commencer plutôt vos questions par « quoi » et « comment » permet d'élargir le contexte et de donner à votre interlocuteur une marge de manœuvre et un temps de réflexion.

2. Soyez concis dans vos questions. Il n'y a rien de pire que d'essayer de comprendre le sens d'une question qui n'en finit plus de finir.

3. N'intégrez pas la réponse désirée dans votre question; autrement dit, ne soyez pas *directif*. Évitez aussi d'aider l'autre en lui offrant un choix de réponses, qui ne fait qu'encourager la paresse, sans compter que vous n'obtiendrez jamais de réponse sincère en recourant à cette méthode. Par exemple, si vous demandez : « Qu'est-ce qui vous stresse? », ne poursuivez pas en offrant des réponses, comme : « Le travail? Votre vie personnelle? Votre nouveau patron? Votre présentation la semaine prochaine? » Votre tentative d'« aider » l'autre en lui proposant des réponses l'empêchera de pousser la réflexion plus avant et de trouver la *vraie* réponse. Obligez les gens à réfléchir (en particulier s'ils se sentent inconfortables), car ce sont les situations stressantes qui nous font grandir le plus.

4. Cessez de parler dès que vous avez posé votre question. Ne cédez pas à la tentation de briser le silence gênant qui peut s'ensuivre. L'autre

personne *finira* par parler. Dans le contexte de mes fonctions de coach professionnelle, j'écoute souvent des enregistrements de conversation de coaching, dont plusieurs proviennent de dirigeants avec qui j'ai travaillé. La plus grosse erreur qu'ils commettent est de poser une bonne question, puis de n'attendre qu'un millième de seconde avant de passer rapidement à une autre question… puis à une autre… puis d'offrir des choix de réponses ou même de tenter de répondre eux-mêmes aux questions. Il faut plutôt poser la question, puis *tenir sa langue* jusqu'à ce que l'autre personne parle. Si celle-ci n'a pas de réponse à une question pertinente, c'est à elle que revient la tâche d'en trouver une en vue de votre prochain entretien.

5. Posez des questions sincères dans vos propres mots. Si vous cherchez sur Google « questions de coaching percutantes », vous obtiendrez un grand choix de questions. Assurez-vous simplement de les adapter à votre façon de parler et à votre style de leadership. Soyez vrai. Trouvez les mots qui fonctionnent pour

vous. Pour ma part, deux de mes questions favorites sont : « Qu'est-ce qui vous retient? » et « Examinons cela plus en profondeur… » (qui n'est pas, à proprement parler, une question, mais plutôt une invitation à pousser la réflexion).

Approfondir avant de juger

Jean est un employé exceptionnel, possédant une intelligence supérieure à la moyenne et un grand sens de l'éthique au travail. L'équipe de direction m'avait demandé de devenir sa coach parce qu'elle avait constaté des comportements susceptibles de dénoter une baisse de motivation (notamment un conflit s'aggravant de jour en jour avec son superviseur) et craignait qu'il se prépare à quitter l'organisation.

Quand j'ai rencontré le superviseur de Jean, j'ai été vraiment stupéfaite (et peu de choses me surprennent) de la quantité de jugements et de préjugés qu'il nourrissait à son égard. Convaincu que Jean négligeait délibérément son travail et faisait montre d'une insouciance indigne d'un professionnel, il m'a présenté plusieurs exemples de son travail remplis d'erreurs grammaticales, qui étaient loin d'être acceptables. D'après ce que j'en savais, Jean était un homme très intelligent et éloquent, un peu perfectionniste et bien dans sa peau. L'image que me dépeignait son superviseur ne correspondait pas du tout à la perception que j'avais eue.

Lorsque j'ai interrogé Jean au sujet des erreurs, sa réponse mêlait la confusion à la frustration. Avait-il jamais éprouvé des difficultés scolaires, lui ai-je demandé. En dépit d'une communication orale pratiquement irréprochable, ses documents et ses présentations PowerPoint étaient bourrés de fautes. Après quelques échanges et analyses plus poussés pour trouver l'origine du problème, Jean a décidé de se soumettre à une série d'évaluations pour vérifier s'il avait un trouble dont il ignorait l'existence. Résultat, ce que Jean pensait écrire ne correspondait pas à ce qu'il écrivait, et il se produisait vraiment un décalage dans son cerveau. Pour régler le problème, Jean s'est mis à utiliser un logiciel de reconnaissance vocale et à faire relire son travail. Aujourd'hui, il dirige de main de maître sa propre entreprise.

Ne présumez jamais savoir ce qui se cache derrière un comportement. Pousser plus loin pour en découvrir la cause profonde renforcera vos liens, améliorera votre compréhension et décuplera votre empathie pour la personne. S'il s'agit d'une interaction avec un employé ou un coéquipier, il y a fort à parier que son degré d'engagement augmentera du simple fait que vous ayez fait preuve d'écoute et de curiosité. Ça demande évidemment plus de temps et d'efforts que d'accepter la situation au pied de la lettre sans aller plus en profondeur, mais l'incidence durable d'une telle démarche aura un effet d'entraînement positif à long terme.

Stimuler sa curiosité : conseils pratiques

Apprenez! Le meilleur moyen de faire fonctionner votre matière grise à plein régime, c'est d'apprendre. Si vous aimez apprendre en ligne, profitez de cours de formation accessibles à tous par Internet, tels ceux qu'offrent sup-numerique.gouv.fr, FunMooc, Coursera et edX. Si vous préférez l'apprentissage en personne, soyez à l'affût des conférences, causeries, cafés-rencontres, débats ou cours offerts dans votre région : les possibilités sont illimitées.

Constituez-vous une bibliothèque humaine. Dressez la liste de toutes les personnes que vous connaissez et de tous les sujets qu'elles pourraient connaître. Ensuite, invitez-les à tour de rôle à prendre un café et profitez-en pour leur poser toutes les questions qui vous viennent à l'esprit se rapportant à leur spécialité.

Si vous aimez lire, lisez. Lisez sur des sujets inhabituels, qui ne vous intéressent pas nécessairement de prime abord. Si vous n'aimez pas lire, écoutez. Il existe une foule de ressources audio facilement accessibles, comme des livres audio, des balados, des entrevues et des stations de radio.

Posez des questions. Que vous discutiez avec un coéquipier ou votre associé, posez des questions. Exercez-vous à transformer les énoncés du genre « Vous devriez vraiment... » pour en faire des questions, par exemple : « Que voulez-vous faire? ». Je peux vous dire une chose : plus vous utiliserez des questions plutôt que des réponses, déclarations ou jugements avec vos enfants, plus ils seront enclins à développer un esprit curieux et investigateur.

Créez-vous des questions de routine. Trouvez une ou deux questions adaptées à votre style de communication et intégrez-les à vos conversations dès que l'occasion se présente. Par exemple, « Qu'est-ce qui vous retient? » ou « En quoi est-ce important pour vous? ». Comme je l'ai déjà mentionné, essayez d'éviter les questions qui commencent par « pour-quoi ». Privilégiez plutôt celles qui commencent par « quoi » ou par « comment ». Posez des questions générales et résistez à l'envie d'inter-venir et de mettre la réponse dans la bouche des autres. Donnez aux gens le temps dont ils ont besoin pour trouver eux-mêmes la réponse.

Écoutez pour apprendre. Demandez aux gens de vous raconter leur histoire personnelle, et oubliez leur curriculum vitæ. D'où viennent-ils? Où ont-ils grandi? À quoi ressemble leur vie jusqu'ici? Qu'est-ce qui les intéresse? Qu'est-ce qui leur tient à cœur? Ce genre de questions vous aidera à comprendre la véritable histoire d'une personne.

Écouter pour apprendre

L'écoute, à l'instar de l'empathie et de la curiosité, est une faculté que l'on peut améliorer avec la pratique. Voici les trois obstacles les plus courants pouvant nuire à l'écoute efficace, au travail comme à la maison.

1. Les distractions externes : nous sommes constamment entourés de distractions, comme les écrans, le bruit, les mille choses que nous préférerions faire et toutes ces personnes à qui nous préférerions parler. Cinq à dix minutes d'écoute active et attentive sont plus utiles et plus efficaces qu'une réunion d'une heure où vous écoutez distraitement. Gagnez du temps : écoutez réellement l'autre.

2. Les distractions internes : souvent, nos propres pensées, craintes, doutes, préjugés et jugements s'enchaînent bien plus rapidement que les mots de la personne qui nous parle. Il faut nous efforcer de réduire au silence ces distractions invisibles et de nous détourner de notre for intérieur pour nous concentrer sur l'extérieur.

3. L'ego, les bonnes intentions ou les deux à la fois : quand quelqu'un nous parle d'un

Cinq à dix minutes
d'écoute active et
attentive sont plus
utiles et plus efficaces
qu'une réunion d'une
heure où vous écoutez
distraitement.

problème ou d'une situation difficile, nous voulons généralement l'aider. Il nous arrive d'avoir résolu le problème dans notre tête avant même que l'autre ait fini de l'expliquer. Nous attendons alors avec impatience l'occasion d'intervenir et de l'impressionner par notre brillante idée. Si vous agissez ainsi durant une conversation de coaching, celle-ci sera axée sur vous et non plus sur la personne que vous accompagnez.

L'*écoute* et sa complice inséparable, la *présence*, sont ce qui distingue une conversation à l'issue de laquelle la personne se sent reconnue et entendue (que son problème soit résolu ou non) d'une autre dont la personne ressort dévalorisée et dépitée. Quel genre d'impact préféreriez-vous avoir?

Dans certains cas, une interruption peut être utile. Je sais que cela va à l'encontre des préceptes que nous ont appris nos parents et professeurs dans notre jeunesse et que ça peut être très difficile à faire. Quand une personne s'embourbe dans son récit, surtout si vous l'avez déjà entendue le raconter, il est parfois super efficace de l'arrêter et de lui demander : « Qu'est-ce qui est important pour vous dans cette histoire? » ou « Que voulez-vous faire à ce sujet maintenant? ». Les récriminations chroniques ne mènent à rien. Plus on se raconte des histoires à voix haute et dans sa tête, plus on y croit et plus elles deviennent vraies. Il faut écouter en cherchant à entendre ce qui se cache derrière le récit.

Écouter pour apprendre permet de saisir les non-dits, de lire entre les lignes. Cela permet aussi de déceler des habitudes, certains énoncés vers lesquels les gens se tournent encore et encore pour expliquer, et parfois justifier, leurs comportements. Avec le temps, ces habitudes peuvent devenir un élément permanent de l'histoire d'une personne. J'ai connu plus d'un client qui se sabotait lui-même sans le savoir par le langage même qu'il utilisait.

Il est possible d'écouter au téléphone tout aussi efficacement qu'en personne. Il suffit de s'appliquer à focaliser son attention, de se concentrer sur la voix au bout du fil et d'être attentif aux variations de ton et d'énergie de son interlocuteur. Beaucoup de gens n'aiment pas le coaching téléphonique parce qu'ils ont l'impression de perdre l'avantage du contact visuel, en particulier quand il s'agit de décoder le langage corporel. Il est pourtant tout aussi efficace, voire parfois plus, que le coaching en personne. Par exemple, si je travaille avec une personne plutôt timide et qu'il m'est difficile de la faire sortir de sa réserve, le téléphone peut servir de terrain neutre et lui permettre de se sentir moins vulnérable. En coaching, plus la personne est à l'aise, plus elle sera portée à se confier. Il importe aussi de toujours être très mesuré dans la formulation de nos questions et observations. En fait, le coaching téléphonique peut même faire de vous un meilleur coach en personne.

Ça ira mieux quand…

Comme nombre de gens occupés, Ali aimait beaucoup l'énoncé « Ça ira mieux quand… ». Par exemple, « Ça ira mieux quand nous aurons terminé ce projet », « Ça ira mieux quand le nouvel employé intégrera l'équipe », « Ça ira mieux à mon retour de vacances ». En réalité, si vous commencez à ne travailler que dans l'expectative des prochaines vacances ou en vous imaginant que votre nouveau collègue réglera tous vos problèmes comme par magie, vous êtes sur la mauvaise voie. Ces remèdes de fortune ne résolvent rien du tout.

« Ça ira mieux quand… » était devenu le mantra d'Ali, des mots qu'il se répétait si souvent qu'il ne s'en apercevait même plus. C'était devenu pour lui un prétexte pour éviter d'agir, de travailler efficacement ou de changer son comportement. Ali ne parvenait ni à refuser les choses qu'il ne voulait pas ni à centrer son attention sur ce qu'il voulait vraiment. Compter uniquement sur des facteurs indépendants de vous pour améliorer votre vie ne vous avancera strictement à rien.

Une écoute efficace aide à entendre les « tics » de langage des autres ainsi que les siens, et permet de les examiner sous la loupe du coaching et de découvrir le problème dont ils sont le symptôme. Certaines personnes passent leur vie à marmonner continuellement la même chose, sans que personne ne le leur signale. Leur rengaine se transforme en rempart et, à leurs yeux, en excuse valable, jusqu'à être si inextricablement liée à leur existence qu'elles se retrouvent prisonnières derrière ce rempart. Si elles y demeurent trop longtemps, elles risquent de s'y sentir si confortables qu'elles pourraient refuser d'en sortir. Il est *tellement* plus facile de trouver des raisons de ne pas changer que d'opérer des changements.

S'exercer à écouter : conseils pratiques

Fixez-vous un objectif. Que ce soit dans le cadre d'une réunion ou d'une séance de coaching, ciblez une ou deux choses précises que vous voulez remarquer ou dont vous voulez prendre conscience.

Travaillez sur votre présence, et votre aptitude à l'écoute s'améliorera immanquablement. Si vous vous rendez compte que vous avez perdu le fil, reprenez-vous et demandez à la personne de répéter ce qu'elle vient de dire. Il y a fort à parier qu'elle sera plus concise la deuxième fois, et elle pourrait même apprendre grâce à la répétition. Si vous n'avez pas entendu quelque chose, ne prétendez pas que vous écoutiez. Non seulement ce serait manquer de respect à la personne qui parle, mais en plus, vous risqueriez de vous retrouver en territoire inconnu, car il vous manquera une information cruciale dans la conversation qui se poursuit. Admettre en toute franchise que vous avez perdu le fil de la conversation pendant quelques secondes demeure la solution la meilleure et la plus simple. Votre interlocuteur aura ainsi la possibilité de reformuler et de répéter ses propos d'une manière qui pourrait se révéler mieux organisée et plus directe, afin de s'assurer que vous avez compris.

Choisissez avec soin votre environnement. Dans la mesure du possible, mettez toutes les chances de votre côté. Méfiez-vous des bruits dérangeants, des obstacles physiques et des distractions visuelles et auditives. Définissez les conditions qui fonctionnent bien pour vous et efforcez-vous délibérément et en toute transparence de les mettre en place.

Écoutez pour apprendre plutôt que pour répondre. C'est l'aspect le plus important de l'écoute efficace. Essayez d'écouter sans intervenir pour résoudre les problèmes, voire sans dire un mot. Concentrez-vous uniquement sur le langage corporel de l'autre, sur l'expression de son visage et sur son énergie. Si vous communiquez par téléphone, concentrez-vous sur la voix et sur l'intonation de la personne. Autant que possible, posez-vous en observateur et aiguisez votre écoute. Vous serez surpris du nombre de détails que vous remarquerez simplement en étant attentif.

Les nuances
de l'empathie

De nos jours, on parle beaucoup de l'empathie et du manque d'empathie en général. Certains confondent empathie et compassion, mais ce sont deux concepts bien distincts. La compassion éveille un sentiment de pitié pour l'autre, alors que l'empathie va bien au-delà et exige une compréhension véritable.

Faire preuve d'empathie ne veut pas dire être d'accord avec l'autre ou l'amener à se sentir bien. Il s'agit avant tout d'écouter pour apprendre l'histoire personnelle de quelqu'un, de comprendre son point de vue et, surtout, de consacrer le temps et les efforts nécessaires pour retracer son cheminement et arriver à se mettre dans ses souliers. En fin de compte, nous sommes tous d'une certaine façon le produit de notre environnement. C'est en mettant de côté nos propres opinions pour accorder la préséance aux expériences de l'autre que la véritable empathie se manifeste.

De nos jours, nous avons désespérément besoin de plus d'empathie *véritable* (et non de ces fausses projections politiquement correctes que nous devenons si habiles à produire). L'empathie ne vient pas facilement, mais le jeu en vaut la

Rien ne changera dans nos organisations ou dans nos vies personnelles tant que nous ne commencerons pas à communiquer avec franchise et empathie.

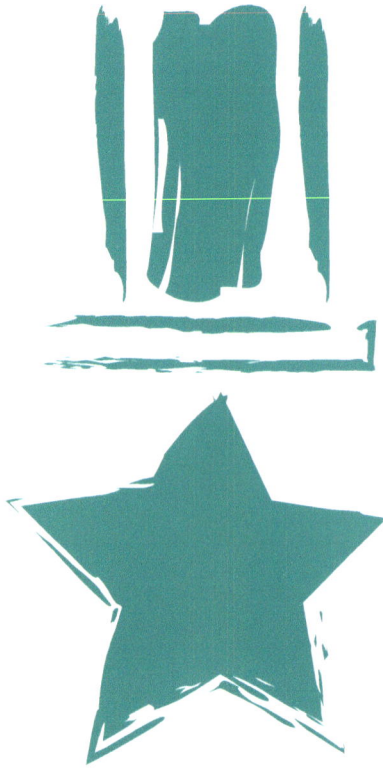

Cela exige du courage,
de la bravoure, de l'intégrité
et beaucoup d'énergie.

chandelle. L'empathie aide à engager des conversations délicates où les gens se sentent suffisamment à l'aise pour exprimer ce qu'ils pensent et ressentent réellement, car ils savent que l'autre écoute pour apprendre et comprendre plutôt que pour juger. L'empathie exige aussi de résister à l'envie de présenter des solutions simples et rapides aux problèmes d'autrui. Nous sommes souvent tentés de régler le problème au plus vite pour passer à autre chose, évitant ainsi de ressentir des émotions pénibles et potentiellement complexes. Plus nous réglons le problème rapidement, plus nous sommes satisfaits de nous-mêmes. Pourtant, ce faisant, nous ratons une belle occasion de réfléchir et de tirer des leçons de nos propres réactions et jugements.

Rien ne changera dans nos organisations ou dans nos vies personnelles tant que nous ne commencerons pas à communiquer avec franchise et empathie. Cela exige du courage, de la bravoure, de l'intégrité et beaucoup d'énergie. Je me demande parfois si le monde n'est pas trop fatigué pour faire preuve d'une empathie constante. Il est assurément plus simple et plus agréable de classer les gens dans des boîtes aux étiquettes familières.

On peut ainsi donner facilement un sens à ce qui nous entoure. C'est confortable et sans danger, et ça semble tout naturel. L'empathie véritable est inconfortable, inquiétante, voire douloureuse, car elle nous oblige à réévaluer nos acquis et nos croyances afin de nous en détacher pour nous mettre à la place de quelqu'un d'autre. Après tout, nous sommes tous des êtres imparfaits. Il est temps d'apprendre à nous pardonner, à nous-mêmes et aux autres, et à utiliser nos imperfections pour nouer des liens avec nos semblables en toute honnêteté.

La peur de ne pas être à la hauteur, de ne pas être assez bon et d'être jugé nous isole des autres, de sorte qu'il devient très difficile de ressentir de l'empathie. Or, c'est à travers nos défauts que nous pouvons nous rejoindre comme êtres humains. La perfection est belle, attirante et flamboyante, mais elle est aussi rigide, impénétrable et pratiquement impossible à comprendre.

Je peux compter sur les doigts d'une main les fois où, depuis le début de ma carrière en coaching, j'ai refusé de travailler avec une per-sonne parce que j'avais l'impression qu'il m'était impossible de l'accompagner à ce moment de sa vie. Ces gens « inaptes au coaching », bien qu'intelligents et ambitieux, présentent un cocktail létal de narcissisme, de méconnaissance de soi et de manque d'empathie. La somme de ces attributs engendre une personnalité Teflon, à laquelle rien n'adhère. N'avoir rencontré que quelques personnes de ce type parmi les centaines de directeurs avec qui j'ai travaillé au fil des ans me rassure et semble très prometteur pour l'humanité tout entière.

Tout le monde a une brèche dans son armure. Pour faire naître l'empathie, recherchez ces accès potentiels qui mènent vers la lumière. Au lieu de les considérer comme des faiblesses à utiliser pour exploiter l'autre, voyez-les comme des points de départ pour trouver un terrain d'entente. C'est l'une des pierres d'assise de toute relation.

Trouver
un terrain d'entente

Jules, un directeur en milieu syndiqué, a enduré un supérieur toxique pendant trois ans. Nous étions alors engagés dans un très long processus de changement de culture organisationnelle. Autrefois vu comme l'un des leaders les plus motivés et les plus progressistes de l'équipe, Jules avait fini par jeter l'éponge. En effet, après trois ans sous les ordres d'un supérieur qui dirigeait par l'intimidation, humiliait publiquement toute l'équipe de direction et rejetait systématiquement toutes ses idées, Jules avait abandonné et s'était mis en mode survie.

On a confié à notre équipe de quatre coachs le mandat de travailler avec une équipe de direction composée de 14 leaders. Ceux-ci nous ont rencontrés individuellement pour choisir le coach avec lequel ils voulaient travailler en suivant un processus semblable à celui des rencontres éclair :

chaque leader passait sept minutes avec chaque coach pour évaluer leur compatibilité. Jules refusait de choisir un coach, car il n'avait aucune confiance dans le processus. Il s'était retranché en mode survie et percevait tout changement (négatif ou positif) comme une menace. Sa carapace était dure comme la pierre et il n'avait « pas de temps à perdre avec ces niaiseries », comme il me l'a dit sans ambages lors de notre première rencontre. Finalement, c'est moi qui ai travaillé avec Jules, et j'avais hâte de relever ce défi, même s'ils étaient plusieurs dans l'organisation à m'exprimer leur « compassion ».

On m'avait décrit Jules comme un homme grincheux, endurci et cynique, tout à fait réfractaire au coaching. Cette description n'a fait qu'attiser ma curiosité à son sujet. D'après mon expérience, les personnes qui portent un passé aussi lourd racontent généralement les récits les plus intéressants.

Consciente de la féroce résistance qu'opposerait Jules, j'estimais vaine toute tentative de le convaincre des avantages du coaching ou des changements que nous allions apporter à la culture organisationnelle. Je lui ai donc simplement demandé de me parler de lui : depuis combien de temps il était au service de l'organisation, le poste qu'il occupait à son arrivée, ce qui l'avait motivé à postuler pour un poste de direction, comment il se sentait par rapport à la situation actuelle. Quand on demande à une personne comment elle se sent, elle a généralement du mal à répondre parce que, souvent, elle ne le sait pas vraiment. Quand on lui demande de donner un mot pour décrire son humeur *là, maintenant,* on obtient toujours une réponse, qui se révélera souvent éclairante. Il est important, au moment d'entrer en relation avec quelqu'un en usant de curiosité et d'empathie, de ne pas se laisser entraîner dans son négativisme. Il faut simplement accepter que cette négativité fait partie intégrante de son histoire, et passer à autre chose.

Je me suis aussi intéressée à la vie de Jules en dehors de l'organisation. Nous avons parlé de ce qu'il faisait lorsqu'il n'était pas au bureau. J'ai appris qu'il avait un fils, qu'il était marié depuis plus de 25 ans et qu'il était un passionné des arts martiaux – il donnait même des cours la fin de semaine depuis plusieurs années. Il lisait tout ce qu'il pouvait trouver sur la coordination du corps et de l'esprit afin d'utiliser cette information dans ses cours d'arts martiaux. C'est ainsi que j'ai percé son armure.

J'ai conclu un marché avec Jules. Je lui ai promis de lui dire tout ce que je savais sur les neurosciences s'il acceptait de me rencontrer régulièrement, afin d'établir petit à petit le climat de confiance nécessaire pour éroder son épaisse carapace. Je prenais de toute évidence un risque. En général, mieux vaut ne pas conclure de marché avec ceux qu'on accompagne, car on veut travailler avec des personnes réceptives à ce qu'on veut leur offrir, qui ne viennent pas aux rencontres à reculons.

Il a fallu quelques mois avant que Jules se sente suffisamment en confiance pour me raconter son vécu au travail. Il a fallu quelques mois de plus pour qu'il en arrive à se sentir responsable de son comportement au travail. Ça n'a pas été facile, mais il y est parvenu. C'était un client difficile, qui se rebellait à chaque étape du processus. Il n'avait aucune patience pour des choses comme les exercices de consolidation d'équipe ou les séminaires sur le leadership, qu'il considérait comme des pertes de temps. J'ai donc dû réfréner mon naturel positif et optimiste pour éviter qu'il se referme comme une huître. C'était un être humain complexe et fascinant, et ce fut un réel privilège de travailler avec lui. Nous avons gardé le contact jusqu'à son départ à la retraite, quelques années plus tard.

Quand une personne nous autorise à nous faufiler par les brèches de son armure, elle nous confie la très grande responsabilité de prendre soin d'elle, mais d'une manière qui lui convient. Ça veut dire respecter *ses* besoins à elle, *sa* vision du monde et *ses* objectifs, et travailler avec elle selon *son* style de communication. Sans empathie véritable, vous risquez de gâcher cette précieuse occasion par inadvertance. Si vous perdez la confiance de quelqu'un après l'avoir durement acquise, non seulement vous ne la regagnerez jamais, mais vous perdrez en plus toute la richesse que cette relation vous aurait apportée.

Faire preuve d'empathie : conseils pratiques

Demandez aux gens de vous raconter leur histoire. Non pas leur histoire professionnelle (nous pouvons tous lire un curriculum vitæ), mais leur histoire *vécue*. Où ont-ils grandi? Combien de frères et sœurs ont-ils? Quelle était leur matière préférée à l'école? Y a-t-il une chose apprise dans l'enfance qui leur sert encore aujourd'hui dans leurs fonctions de leader? Apprendre à connaître une personne peut réellement nous aider à changer notre façon de voir cette personne et, au bout du compte, modifier nos rapports et nos interactions avec elle.

Décidez de donner raison aux gens. Si vous n'arrivez pas à voir les choses du même œil qu'une autre personne, délaissez votre propre raisonnement et essayez d'accepter que le point de vue de l'autre est le bon (du moins dans votre tête). Le noir et le blanc absolus n'existent qu'en sciences et en mathématique. Les comportements humains, les pensées et les émotions sont autant de nuances de gris. Ils ne sont pas tangibles, ils n'existent que dans nos souvenirs, nos convictions et nos conceptions du monde. Passez plus de temps dans ces « zones grises » et vous commencerez à comprendre ce qui motive le comportement des gens. Vous n'avez pas à être d'accord avec tout le monde, mais vous devez être disposé à saisir la logique que les autres ont suivie pour en arriver à leur point de vue actuel.

Posez plus de questions. Utilisez votre curiosité pour passer du jugement à l'émerveillement. Vous constaterez vite que l'émerveillement est un état d'esprit sensationnel où tout ce qui existe s'anime de possibilités. C'est un état joyeux, dépourvu de cynisme et d'ironie. Il garde notre esprit jeune et éternellement curieux, comme si nous redevenions un enfant de cinq ans qui commence à peine à découvrir le monde.

Acceptez de ne pas connaître la réponse. Notre désir naturel de régler les problèmes et d'avoir l'air de connaître notre affaire peut complètement éteindre toute possibilité d'empathie. Efforcez-vous seulement de comprendre la situation de l'autre. Ne lui offrez pas de solution, ne tentez pas de le réconforter, soyez simplement présent.

Le pouvoir des mots

Le langage est l'élément fondamental de notre capacité à communiquer les uns avec les autres. Le langage corporel, le choix de mots et le ton de voix se combinent pour former un puissant outil, en particulier s'ils s'accompagnent d'une intention et d'un raisonnement clairs. Dans un monde où nos egos sont fragiles comme du verre, on se laisse facilement atteindre par des paroles qui peuvent blesser comme des coups de couteau, assénés délibérément ou non. À cela s'ajoutent la complexité et le jargon inhérents à toute organisation de même qu'un effectif diversifié, multiculturel et multilingue : en fait, c'est un miracle que nous réussissions malgré tout à communiquer.

Soyez conscient de votre langage. Surveillez les habitudes, les tics, les formulations, les préjugés et les jugements susceptibles de fausser ce que vous tentez d'exprimer. Même en sachant que les mots déclenchent des émotions, la plupart d'entre nous n'écoutent pas assez attentivement pour déchiffrer l'intention derrière les paroles de l'autre. Nous avons plutôt tendance à les prendre au pied de la lettre pour réduire temps et efforts.

L'utilisation du mot « mais » en contexte de coaching n'est qu'une stratégie d'évitement qui permet de tenir des propos potentiellement préjudiciables sans les exprimer directement ni en prendre la responsabilité.

Le Robert et le Larousse, les principales références en français, annoncent toujours en grande pompe les « nouveaux » mots ajoutés chaque année. J'aimerais leur suggérer quelques mots à retrancher, à commencer par le mot « mais ».

L'utilisation du mot « mais » en contexte de coaching n'est qu'une stratégie d'évitement qui permet de tenir des propos potentiellement préjudiciables sans les exprimer directement ni en prendre la responsabilité. Pour ma part, j'estime que nous pourrions tout à fait nous passer de ce mot. Il ne sert qu'à nier les mots qui précèdent et mène souvent à l'échec des conversations de rétroaction (ou *feedback*), du fait qu'il tend à transmettre des messages contradictoires. Par exemple : « Suzanne, j'ai vraiment aimé le travail présenté dans votre dernier rapport, mais vous devriez être plus attentive aux détails. » Le directeur a-t-il vraiment aimé son travail, ou doit-elle être plus attentive aux détails? La plupart des gens choisiront de croire l'une ou l'autre des affirmations. Suzanne pensera à tort qu'elle a fait du bon travail, ou ne retiendra que le négatif et se sentira démotivée. Le mot « mais » est aussi l'instrument idéal de la « gentillesse » passive-agressive, un trouble du comportement qui touche l'ensemble de la société. Songeons entre autres à l'expression « Je ne veux pas vous offenser, mais… ». De toute évidence, une personne qui utilise cette entrée en matière va en offenser une autre, et elle devrait au moins avoir le courage d'assumer qu'elle est sur le point d'insulter quelqu'un.

Prenons la phrase suivante : « Vous avez fait du bon travail jusqu'ici, mais… ». Voilà une belle occasion ratée de donner une rétroaction claire et concise. Si vous souhaitez un changement, soyez direct. S'il s'agit d'un comportement qui risque d'entraîner un licenciement éventuel, dites-le *maintenant*. Nous avons tellement peur de déplaire ou d'être impopulaires, que nous formulons nos sentiments, commentaires et observations en termes flous et banals, inévitablement sujets à l'interprétation. Nous nous demandons ensuite pourquoi les autres ne donnent pas suite à notre *feedback* comme nous l'espérions. Nous justifions notre méthode de communication floue en nous disant qu'en étant moins directs (moins

En général, la vérité
n'offense personne,
c'est le jugement qui s'y
insinue qui blesse les gens.

sévères, si vous préférez), nous faisons preuve de délicatesse envers les autres. En vérité, nous nous soustrayons à nos responsabilités.

Exercez-vous à formuler des messages clairs. Utilisez des phrases courtes et tentez d'éviter le mot « mais » à tout prix, ainsi que ses synonymes comme toutefois, cependant, néanmoins, etc. Appuyez-vous sur des faits pour décrire une situation, non sur votre propre jugement ou interprétation. Ayez le courage de dire la vérité. En général, la vérité n'offense personne, c'est le jugement qui s'y insinue qui blesse les gens.

En considérant le langage du point de vue du leadership, on constate qu'une grande part de ce qui fait l'« image du leader » se ramène aux mots utilisés. L'image du leader est la combinaison complexe de la présence, de l'apparence et du langage corporel et verbal. Quand un de mes clients me dit que tel salarié ne dégage pas une image de leader, je m'intéresse toujours en premier lieu au langage de ce salarié.

Nos habitudes peuvent nous nuire

Ali, un leader avec qui j'ai travaillé, espérait être promu à la haute direction avant la fin de l'année. Son rendement au travail était exemplaire et il avait en main les chiffres pour le prouver. Pourtant, l'équipe de direction soulevait constamment le même problème : il ne dégageait pas une image de leader. C'était un homme remarquablement intelligent, doté d'un excellent esprit d'analyse, de nature discrète et modeste, et il projetait une énergie rationnelle et tranquille qui l'avait bien servi dans ses fonctions de dirigeant. Les clients aimaient sa façon toujours claire de présenter les choses. En fait, ce n'était pas son style qui nuisait à son image, mais son langage.

Un jour, après avoir vu Ali présenter un dossier à son équipe, j'ai été frappée de constater à quel point son langage était « nuancé ». Pour moi, un langage nuancé fait ressortir le manque d'assurance d'une personne. Il comprend des mots qui dénotent l'incertitude (« probablement », « peut-être », « croire », « penser », « supposer », etc.) plutôt que des mots catégoriques (« vouloir », « pouvoir », « falloir », etc.). Lors d'une conversation de 10 minutes avec Ali, j'ai constaté qu'il avait dit « peut-être » exactement 12 fois (oui, oui, je les ai comptés). C'était de toute évidence un tic nerveux verbal qui s'était transformé en mauvaise habitude au fil du temps, et qui donnait l'impression qu'Ali doutait continuellement de ce qu'il faisait.

Nous ne retenons pas consciemment chaque mot prononcé par ceux qui nous parlent. Il faut savoir que l'impression que nous laisse le langage des autres dépend grandement de nos propres expériences, souvenirs et préjugés. Le langage utilisé (en particulier pour parler de soi-même) donne des indices aux autres. C'est pourquoi nous devons choisir sciemment nos mots. Après avoir pris conscience de son tic verbal, Ali s'est mis à déployer des efforts pour abandonner son langage nuancé et utiliser des mots plus percutants. En communication, la conscience de soi est cruciale.

Dès qu'Ali a commencé à s'entendre parler et à comprendre à quel point ils le faisaient paraître indécis en tant que leader, il a pu modifier son langage en très peu de temps. L'essentiel, c'est d'abord d'en *prendre conscience*.

Être conscient de son langage : conseils pratiques

Soyez conscient de ce que vous dites à propos de vous-même et des autres. Efforcez-vous toujours de tenir des propos positifs sur vous-même et sur autrui. Ce précepte s'applique autant aux coachs qu'aux personnes qu'ils accompagnent. C'est comme une prophétie qui se réalise d'elle-même. Si vous dites constamment aux autres que vous êtes

Soyez conscient de ce que vous dites à propos de vous-même et des autres.

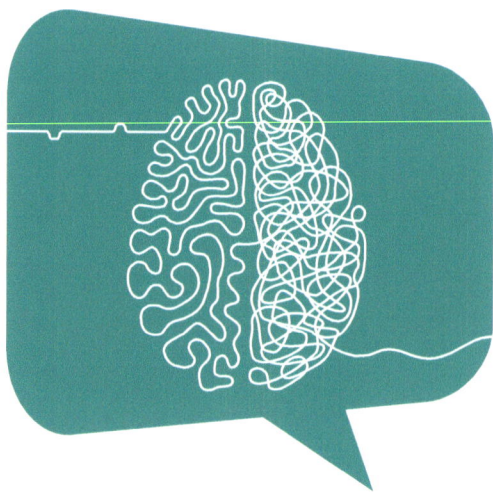

Les gens occupés sont très solitaires, c'est un état d'esprit fermé.

fatigué et stressé, il y a peu de chances que vous ressentiez autre chose. Si, quand les gens vous demandent comment vous allez, vous répondez invariablement que vous êtes « très occupé », vous leur donnez l'impression, ainsi qu'à vous-même, que vous n'avez pas de temps pour eux. Les gens occupés sont très solitaires, c'est un état d'esprit fermé. Si vous n'êtes pas tout à fait sûr de ce qui sort de votre bouche, interrogez les autres. Ils sauront vite vous éclairer.

Utilisez des aides visuelles. L'un des moyens les plus efficaces de changer une habitude ou un comportement chronique consiste à s'aider d'indices visuels. Comme l'acteur a besoin d'aide-mémoires, nous avons besoin de rappels constants lorsque nous mettons en pratique une nouvelle compétence ou développons une nouvelle habitude. Sachez que cette technique fonctionne pour tous les outils mentionnés dans ce guide, pas seulement pour le langage. Choisissez des autocollants qui symbolisent ce que vous voulez changer. Par exemple, si

vous cherchez à vous améliorer sur le plan de
l'écoute attentive, une photo d'une bouche bâil-
lonnée vous rappellera efficacement de parler
moins pour écouter davantage. Un panneau
STOP peut vous rappeler de cesser un comportement, des licornes peuvent vous faire penser
à être plus gentil, etc. Trouvez les autocollants
qui fonctionnent pour vous. Installez-les sur
votre téléphone ou là où vous les verrez facilement tout au long de la journée, afin de vous
rappeler ce à quoi vous voulez vous exercer.

Soyez conscient de vos choix de mots.
Préparez-vous aux entretiens importants, et
imaginez l'impression que vos mots laisseront
à l'autre personne.

Soyez conscient de votre langage corporel.
Si votre posture physique ne cadre pas avec
vos propos, vous compromettrez la sincérité
de votre message. Les gens ressentiront une
incohérence quelque part, qui risque de susciter des soupçons et de la méfiance à l'égard
de ce que vous dites. Que vos paroles soient

tristes, joyeuses, sérieuses ou dynamiques, assurez-vous que votre langage corporel est en phase avec votre message. N'oubliez pas : lever les yeux au ciel ne signifie pas seulement que vous en avez assez, c'est aussi un signe physique de mépris. Soyez donc très attentif aux messages que vous pourriez véhiculer à votre insu.

Pensez en termes de panneaux STOP. Pour arrêter d'utiliser les mots « mais » ou « cependant », faites des phrases courtes. Arrêtez de comprimer plusieurs phrases en une seule. Visualisez un panneau STOP à la fin de chaque idée. Marquez une pause. Donnez du poids à vos mots. Le fait de prendre votre temps, voire de vous arrêter, rendra votre message plus clair, en plus de renforcer votre image de leader et de vous conférer une aura de confiance en vous.

L'incontournable rétroaction

Impossible d'écrire un manuel sur le coaching en entreprise sans traiter de l'éléphant dans la pièce : la rétroaction ou *feedback*. Je suis toujours aussi surprise de voir le nombre de gens à qui cette question donne du fil à retordre. Notre besoin intérieur d'approbation, notre désir d'être apprécié et de ne pas être « le méchant » semblent l'emporter largement sur notre aptitude à soutenir le développement des autres. Il est indispensable de passer du temps avec votre équipe et de créer un milieu où vous-même et les membres de votre équipe vous sentirez libres de partager vos observations et vos réflexions. Cela vous sera 100 fois plus utile que de garder le silence jusqu'au moment de l'évaluation de rendement annuelle, tout en laissant croître autour de vous un ressentiment alimenté par la non-résolution de problèmes et de comportements inacceptables.

Je n'ai pas encore vu d'organisation qui ait réussi à créer un milieu où les employés se sentent à l'aise de donner et de recevoir du *feedback* efficacement. Nous louvoyons, faisons le tour du problème et aboutissons la plupart du temps dans une espèce de gêne polie, incapables de prononcer

Pour une raison qui m'échappe, la communication directe est devenue synonyme de causticité, ce qui est loin d'être vrai.

LA phrase qui pourrait aider l'autre personne à s'améliorer.

Formuler de la rétroaction ne signifie pas être méchant. Il n'y a aucune raison de percevoir ces conversations sous un jour négatif, et pourtant, nous avons tendance à les transformer en moments stressants, chargés d'angoisse existentielle à cause du bagage que nous traînons (le nôtre, pas celui d'autrui). Si nous avons réellement l'intention d'aider une personne à évoluer, à prendre conscience de son impact sur l'organisation et à mieux comprendre comment les autres la perçoivent, nous devons infuser une bonne dose de clarté, de curiosité et de compassion dans ces conversations. Il faut cesser de tourner autour du pot pour éviter de rendre les gens mal à l'aise. Pour une raison qui m'échappe, la communication directe est devenue synonyme de causticité, ce qui est loin d'être vrai. Menée avec empathie et compréhension, une conversation directe et franche avec quelqu'un (même au sujet de ses faiblesses) peut se traduire par des effets positifs à long terme.

Dites-vous bien que les gens savent qu'ils ne sont pas parfaits et sont généralement capables d'accepter une rétroaction constructive. Sur le plan intellectuel, nous reconnaissons tous que nous pouvons nous améliorer dans toutes les sphères de notre vie. En fuyant ces conversations, vous choisissez de traiter les gens de votre entourage comme s'ils étaient incapables de s'améliorer, et vous les laissez essentiellement tomber. Gardez en tête qu'il ne vous appartient pas de poser un tel jugement. Assumez votre propre comportement et laissez les autres assumer le leur. Si vous pensez vraiment ne pas pouvoir parler franchement à un membre de votre équipe, vous ne pourrez jamais lui donner les moyens de réussir. Au lieu d'éviter les communications honnêtes de peur de froisser l'autre, vous devriez peut-être vous demander si cet autre a réellement sa place dans votre équipe.

Commencez à créer des dialogues et évitez les déversements. Un déversement est un monologue où vous seul parlez, déversant toutes vos pensées sur l'autre sans lui donner la chance de participer ou de répondre. Il est important de cultiver votre curiosité pour les gens qui vous entourent et de ne pas avoir peur de poser des questions. Si une occasion d'amélioration se présente, explorez-la ensemble. Sachez fixer vos limites quant aux comportements inacceptables, et réglez les problèmes sans attendre. Les organisations perdent souvent de bons employés parce qu'elles n'ont pas réagi immédiatement et efficacement face à certains leaders ou employés inefficaces, dont l'influence négative empoisonne l'air. Vous les connaissez, alors prenez les mesures qui s'imposent.

Quand l'évitement vire au désastre

Il y a quelques années, on m'a demandé d'être la coach d'une jeune femme appelée Maya, une directrice en devenir, vue comme l'une des plus performantes de l'organisation. Les clients externes l'adoraient. Elle était brillante, créative et motivée, et elle rapportait beaucoup de revenus à l'entreprise. Cependant, entre les quatre murs de son bureau, elle affichait un comportement dysfonctionnel. En effet, si Maya considérait ses clients comme des personnes estimées et dignes de son attention, elle n'accordait pas du tout le même statut à ses collègues et l'avait démontré à maintes reprises par ses paroles et ses actions. Malgré son comportement inacceptable derrière les portes closes du bureau, Maya était convaincue qu'elle serait promue dans l'année, compte tenu de sa performance exceptionnelle et du chiffre d'affaires qu'elle générait.

Jacob, le supérieur de Maya et vice-président régional, se comportait comme l'oncle bienveillant du bureau. Il aimait être perçu par le personnel comme un mentor sage et sympathique. Il évitait les conflits, tenait rarement les gens pour responsables de leurs actes et laissait la « culture de pouvoir » de certains se développer sans contrainte. J'ai suggéré à Jacob de fixer des limites claires à Maya concernant son comportement et de lui donner le *feedback* qu'elle aurait dû recevoir depuis longtemps au sujet de son manque de considération pour les autres employés. Elle lançait sans cesse des rumeurs sur ses collègues, dictait à qui les membres de son équipe devaient parler ou non, et faisait un drame pour tout et n'importe quoi. Jacob m'a répondu que Maya avait seulement besoin de temps pour mûrir. Après tout, c'était une étoile montante et les clients l'adoraient. Qu'arriverait-il si elle n'appréciait pas sa rétroaction « négative » et allait offrir ses compétences ailleurs? Évidemment, tant que la direction refusait d'avoir les plus que nécessaires conversations constructives avec Maya afin qu'elle assume la responsabilité de son comportement, le coaching externe était voué à l'échec.

Environ deux semaines plus tard, Jacob s'est enfin décidé à rencontrer Maya. Malheureusement, il a opté pour une méthode de *feedback* souvent fallacieuse, dite du « sandwich ». Il a commencé l'entretien par un message positif, en soulignant les efforts de Maya et combien il était satisfait de son travail auprès des clients. Ensuite, il est passé au *feedback* constructif, lui mentionnant qu'elle devait se montrer plus attentive à l'influence qu'elle exerçait sur son équipe et plus respectueuse envers ses collègues. Puis, il a terminé l'entretien par des félicitations, en saluant de nouveau son travail remarquable.

Peu après, Jacob a informé Maya qu'elle ne serait pas promue, la promotion ayant été accordée à une de ses collègues. Maya, visiblement perplexe, ne comprenait pas ce qui avait pu se passer, puisqu'il venait de la féliciter pour sa performance remarquable. Jacob lui a expliqué qu'il y avait deux candidates pour un seul poste et qu'il avait fallu faire un choix. Maya avait donc raté une véritable occasion de s'améliorer, en grande partie à cause du manque de leadership et de courage de Jacob. En somme, par sa décision malavisée de lui donner une rétroaction ambigüe au lieu de lui livrer un message limpide et de travailler avec elle à corriger son comportement, Jacob lui a fait du tort. Ce style de *feedback* est malheureusement courant dans les organisations, et n'engendre que confusion et méfiance chez les employés. Il ne permet ni de tracer une limite claire entre les comportements acceptables et inacceptables ni d'explorer les motivations derrière les agissements de l'employé, et n'encourage pas du tout le changement.

Un an plus tard, le comportement offensant de Maya s'était aggravé à tel point qu'elle a été congédiée. Au cours de ses six années dans l'organisation, elle avait été directement responsable de la démission d'au moins six personnes, sans oublier toute la misère et la souffrance engendrées chez les autres membres de son équipe. Qui sait si elle aurait réussi, grâce à un leadership plus solide et à des conversations de rétroaction plus directes, à développer ses compétences en leadership et un sens de la responsabilité personnelle?

Donner de la rétroaction : conseils pratiques

Commencez par établir des attentes claires sur le plan des responsabilités et du comportement. L'« excellence » est une notion très subjective. Aidez les gens à comprendre ce que vous espérez réaliser et comment ils peuvent contribuer à l'atteinte de cet objectif. Si vous avez des modèles ou des exemples, montrez-les-leur. Si les gens ont besoin de plus de perfectionnement ou de formation pour s'épanouir dans leurs fonctions, assurez-vous qu'ils en obtiennent. Faites de votre mieux pour leur donner les moyens de réussir.

Soyez clair et concis. En ce qui concerne la rétroaction, tourner autour du pot ou accorder trop de temps au bavardage initial ou au papotage ne fera qu'accentuer l'anxiété de tout le monde. Notre cerveau considère souvent ces conversations comme menaçantes. Ainsi, la plupart des gens peuvent parfaitement recevoir du *feedback* constructif, mais il leur faudra sans doute du temps pour traiter et accepter l'information. Plus ces conversations sont fréquentes et directes, moins elles semblent menaçantes.

Tenez-vous-en aux faits, abstenez-vous de tout jugement. Il est facile d'émailler nos conversations de rétroaction de nos propres préjugés sans même nous en apercevoir. Des affirmations comme « Vous n'avez pas l'esprit d'équipe » ou « Vous avez l'air démotivé » ne sont pas des faits. En revanche, « J'ai remarqué que vous avez manqué les trois dernières activités d'équipe » ou « Je vois que vous avez raté l'échéance d'hier » sont des faits. Seuls des faits objectifs et incontestables peuvent ouvrir la voie aux conversations de *feedback* les plus efficaces.

Faites suivre vos observations factuelles d'une question. Par exemple, « Est-ce que ça va? » est une excellente question à poser, en particulier si le comportement de la personne est contraire à ses habitudes. Nous ignorons généralement ce qui se passe dans la vie des employés en dehors du bureau, c'est pourquoi il est important de faire montre de curiosité et de creuser un peu. C'est la seule manière de vraiment comprendre ce qui motive le comportement d'une personne. « Pouvez-vous m'aider à comprendre? » est également une excellente question qui invitera l'autre à s'ouvrir sans jugement. Transformez la conversation de rétroaction en un vrai dialogue de coaching.

Demandez à la personne de proposer des solutions. Ne demandez pas « Que devrions-*nous* faire à ce sujet? », mais plutôt « Que voulez-*vous* faire pour changer la situation? », puis « Comment puis-je vous aider à y parvenir? ». Posez la question de manière à lui en faire porter la responsabilité. Tenter d'amortir le coup en prenant une part de la responsabilité ne servira qu'à priver cette personne d'excellentes occasions d'apprentissage.

Soyez assidu. N'évitez pas les conversations de rétroaction. Les petits problèmes peuvent facilement s'aggraver et rendre la conversation encore plus difficile.

Séparez la rétroaction positive de la rétroaction constructive. Si une personne a accompli un travail remarquable, créez une occasion distincte pour souligner cette réalisation. Les félicitations ne devraient pas servir d'introduction à un *feedback* constructif. Saluez le bon coup de la personne et donnez-lui le temps d'assimiler vos compliments. Les gens ont parfois du mal à accepter une rétroaction positive, parce qu'ils ont appris qu'elle est souvent suivie d'une rétroaction constructive (ou « négative »). Prenez cinq minutes pour dire à la personne combien vous appréciez son bon travail. Invitez-la à vous décrire les étapes qui l'ont menée au succès dans le cadre d'un projet ou d'une tâche. Enfin, célébrez sa réussite avec elle. Si vous n'avez pas eu de conversation de rétroaction positive avec un membre de votre équipe depuis un certain temps, demandez-vous pourquoi.

Encouragez les gens à solliciter de la rétroaction en en demandant vous-même. Normalisez le partage d'observations et de réflexions. Instaurez une culture où il est acceptable d'échouer tant qu'on apprend de ses erreurs. Faites évoluer le *feedback* en faisant de cette conversation angoissante une conversation normale, quotidienne (que bien des systèmes découragent en limitant les entretiens d'évaluation à des moments précis de l'année, dans le contexte du processus officiel d'évaluation annuel des employés). Évitez d'amener les gens à se sentir fautifs. Attachez-vous plutôt à les aider à croître et à se développer.

Faites un suivi auprès des gens pour les aider à garder le cap. Avant la fin de vos conversations de rétroaction, planifiez une rencontre de suivi avec eux. Accordez-leur assez de temps pour mettre à l'essai quelques idées et déterminer ce qui peut le mieux les aider à modifier leur comportement. Un suivi planifié vous assurera que les gens demeurent responsables, en plus de vous donner l'occasion de vérifier où ils en sont et de voir si vous pouvez faire autre chose pour les appuyer. De bonnes conversations de *feedback* appellent nécessairement de bonnes conversations de suivi. Après tout, il s'agit du développement professionnel (et peut-être même personnel) d'une personne. C'est important, alors prenez le temps de l'aider à aller au bout de son potentiel.

Le mot
de la fin

J'ai rédigé ce guide avec deux objectifs en tête :

1. Je voulais proposer des méthodes pratiques et des outils pour aider les professionnels œuvrant au sein d'organisations (les dirigeants comme les membres de l'équipe) à améliorer leurs communications en acquérant des compétences en coaching.

2. Et je voulais surtout vous amener à réfléchir à la qualité de votre présence dans la vie et au travail, comme chef d'équipe, collègue, parent, compagnon de vie et être humain.

Tout ça revient à changer d'état d'esprit afin de penser comme un coach dans votre vie personnelle et professionnelle, en commençant par suivre ces trois étapes :

1. Faites le travail.
2. Exercez-vous à être constamment présent.
3. Ouvrez-vous aux occasions de croissance (pour vous-même et pour les autres).

Ce n'est pas une mince tâche. Vous aurez besoin d'une conscience aigüe, d'une solide détermination et d'une ferme volonté de changer les comportements susceptibles de se poser en obstacles dans votre vie. Dans de nombreuses situations et relations, il vous faudra aussi du courage pour y arriver.

Comme on dit souvent dans le monde du coaching, le seul comportement que vous pouvez changer, c'est le vôtre. Soyez honnête avec vous-même. Déterminez les aspects que vous pouvez améliorer, et commencez à agir pour les changer dès aujourd'hui! Allez-y graduellement, petit à petit, c'est la clé pour assurer un changement de comportement durable. N'essayez pas d'en faire trop en même temps. Ciblez une ou deux choses que vous voulez mettre en pratique, et faites-en votre point de départ. Exercez-vous jusqu'à ce qu'elles vous semblent plus naturelles. Elles fini-ront par se transformer en nouvelles habitudes positives.

Notre influence sur les autres, en particulier lorsque nous occupons un poste de direction, est souvent bien plus grande que nous le pensons. Assumez la responsabilité de votre comportement. Demandez de la rétroaction. Soyez ouvert d'esprit. Et surtout, soyez attentif à votre vie et à ce que vous vivez.

Remerciements

Je tiens à remercier mes clients et mes collègues, de qui j'apprends quelque chose de nouveau chaque jour.

À mes relecteurs, Dave, Eric, Leonie, Paul, Robyn et Marie-Hélène, merci d'avoir confirmé que cet ouvrage pouvait effectivement devenir un livre.

À mon équipe d'édition à CPA Canada, merci d'avoir fait de ma première expérience d'auteure une expérience positive.

À Dana Tye Rally, une amie fidèle et une coach d'écriture inspirante, merci de ta confiance iné-branlable en mes capacités.

À mon époux, Bruno, merci de croire en tous mes rêves depuis notre rencontre.

À propos de l'auteure

Jennifer Gervès-Keen, M.A., MCEC

Fondatrice de la firme JGK Consulting, Jennifer Gervès-Keen est une mentore pour cadres, animatrice et conférencière primée, reconnue pour son approche directe et honnête (et, accessoirement, pour ses chaussures). Passionnée de développement continu et avide lectrice, elle croit fermement au pouvoir des mots (elle lit en moyenne trois à quatre livres par semaine). Jennifer incite donc constamment ses clients à lire, à comprendre et à apprendre. Son sens inné des affaires et sa vaste connaissance de la dynamique d'entreprise, conjugués à son expérience dans de nombreux pays, la font se démarquer

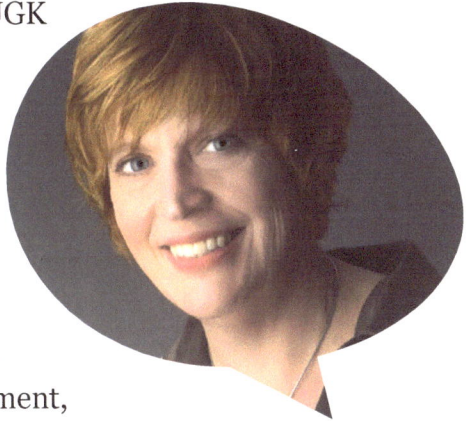

PHOTO : Wendy McAlpine

dans l'univers des coachs. Conseillère recherchée, elle est résolue à favoriser la réussite de ses clients et, de ce fait, est perçue comme une véritable partenaire d'affaires qui imprime une influence positive profonde dans toutes les entreprises où elle est appelée à intervenir (en anglais comme en français). Jennifer nourrit une fascination pour les forces et les faiblesses de l'être humain et voit le monde comme un magnifique lieu d'expérimentation, sans jamais se lasser d'étudier les motifs qui se cachent derrière les comportements humains. Cette grande voyageuse a choisi la côte ouest du Canada comme port d'attache, où elle aime bien chantonner des airs des années 1980 dans sa Mini Cooper et passer du bon temps avec famille et amis.